AF300264

V.-E. VEUCLIN

Les grands événements au village
sous l'ancien régime

LA

Fonte des Cloches

BERNAY

Imprimerie E. Veuclin

1888

(16)

A Monsieur Léopold Delisle,
Hommage respectueux de son
compatriote,
E. Veuclin
19 février 1888.

V.-E. VEUCLIN

Les grands événements au village
sous l'ancien régime

LA

Fonte des Cloches

MANUSCRITS

BERNAY

IMPRIMERIE E. VEUCLIN

1888

I

FONTE DES CLOCHÉS

Jadis, dans nos paroisses rurales, la fonte d'une cloche était un événement d'une importance exceptionnelle, auquel s'intéressait vivement toute la population.

C'est que, le plus souvent, il s'agissait de remplacer une antique cloche détruite par une catastrophe extraordinaire ou brisée lors d'une réjouissance mémorable ; ou bien encore, c'est qu'il s'agissait de satisfaire une ambition de clocher tendante à avoir une sonnerie plus riche que les paroisses voisines ; ou bien enfin c'était la manifestation de la générosité du seigneur ou d'un personnage éminent.

Dans l'un ou l'autre cas, la fonte d'une cloche préoccupait longtemps à l'avance les gros bonnets du village. En effet, si cette fonte était à la charge de la communauté, il fallait plusieurs assemblées des habitants : 1° pour fixer le nombre et le poids de la nouvelle sonnerie ; 2° pour asseoir la quote-part des dépenses ; 3° pour choisir un fondeur et passer marché avec lui ; 4° pour choisir un parrain et une marraine.

Puis il fallait prendre les dispositions pour l'installation sur place du fourneau du fondeur. L'arrivée de cet artiste était l'objet d'un grand remue-ménage au village, et les opérations du moulage et de la coulée étaient, pendant toute leur durée, l'objet d'une curiosité continue et générale.

La cloche fondue, il fallait qu'elle soit agréée, et ce n'était pas toujours facile de contenter les grandes oreilles du cru, aussi s'ensuivait-il quelque fois procès avec le fondeur, et ce dernier devait parfois recommencer son travail ou en laisser l'exécution à un plus habile.

Enfin arrivait le jour fixé pour le *baptême* de la cloche. Or, par ce qui se passe encore de nos jours, on peut se faire une idée de l'éclat de cette cérémonie, surtout lorsque les parrains et marraines, appartenant à la haute noblesse du pays, avaient une escorte nombreuse et brillante de gens de qualité.

Est-il besoin d'ajouter que cette fête essentiellement populaire était l'occasion de ces rares et plantureux repas qui réunissaient tous les membres des familles.

Les plus douces émotions du cœur humain étant reveillées par les cloches, nous avons pensé qu'on lirait avec plaisir quelques documents inédits sur ces harmonieux instruments qui charmèrent nos aïeux et qui sont pour nous de belles et précieuses pages d'histoire locale.

E. Veuclin.

Notes sur les Cloches.

Menneval.
(350 habitants).

1540. — Fonte de la grosse cloche.
1554. — Fonte d'une cloche.
La confrérie de Charité participe aux frais de ces deux fontes (1).

Canapville.
610 habitants.

XVIᵉ siècle. — Fonte d'une cloche portant cette inscription en lettres gothiques :
« ☩ L MVᵉᶜ... livres. Je fut faicte pour Sᵗ Aubin. Noble homme Thibault de Rupierre sgʳ du Canapville et honorable homme Richard Dubosc et me fist m. i. Legendre. »

Notes de M. Ch. Després d'Orbec.

Ferrières-Haut-Clocher.
315 habitants.

1599, 30 nov. — Le jour d'un mariage fut cassée la grosse cloche « en sonnant pour les haster [les promis] de venir espouser. »

---

(1) BRIONNE. — 1561, 15 mars. Accord entre les paroissiens de St-Martin et les frères de la Charité pour le payement du « métail » qui avait été employé à la fonte de deux cloches.

1601. — Le 17e jour d'octobre, jour de S. Luc évangéliste, fut bénite la grosse cloche, par M⸱ Symon Papelard, curé de la paroisse. « Les parin et marinne sont escris sur la cloche. »

Notre-Dame-du-Hamel.

900 habitants.

1617, 10 mars. — La cloche de la Charité est bénite par le curé.

1689, 27 mars. — Les paroissiens s'assemblent en état de commun et général, pour délibérer..., notamment sur le rétablissement et refaçon de la plus grosse des trois cloches..., laquelle ayant esté cassée il y a près de trente ans est toujours et depuis ce temps là et jusques à présent demeurée inutile; en quoy faisant ils ont esté tous d'advis et ont marqué grande affection qu'elle soit refondue et pour cet effet ont loué, ratifié et approuvé le marché qui à ceste fin a esté fait avec Me Aubert, fondeur de cloches demeurant à Lisieux, par honneste personne Me Claude Eudes sr de la Londe, archer en la prévosté générale de Normandie, thrésaurier de présent en charge...., promettant avoir pour agréable tout ce qu'il faira pour la refaçon et rétablissement de lad/ cloche sans jamais ny trouver à redire ny aller au contraire, parce que de sa part il faira fidel et exact mémoire tant de ce qui sera donné par lesd/ paroisssiens pour cela suivant leurs promes-

ses, que de ce qui sera par luy mis et
employé pour parvenir à cette entreprise
pour luy passer en compte.....

Cerquigny.

850 habitants.

1612. — Refonte de l'une des cloches.
— Les comptes du trésor constatent que
la nouvelle cloche fut fondue sur place et
que du « métail » fut acheté à Rouen. —
M° Pierre Chanu était curé de Cerquigny.

1670, 20 mai. — Il est accordé au clerc,
outre ses gages, 60 sols par an pour sonner le carillon.

1671. — Refonte de la grosse cloche.
— Il en coûta au trésor 110 livres 1 sol.
Parmi les mises nous relevons les suivantes : en métail 80 l. ; 3 livres de cire, 3
l. 8 s. ; 4 cordes de bois, 12 l. 4 s. ; une
charretée de bois, 41 s. ; pour la brique
du fourneau, 8 l. ; un quarteron de chau-
me pour couvrir l'establi des moules, 15
s. ; pour le suif, 4 l. 18 s. ; pour le charbon, 6 l. ; pour le « chambre », 3 l. 15 s.
pour une « estamperesse », 5 l. ; pour
avoir rependu la cloche, 6 l. ; aux personnes qui ont aidé, 24 s. ; une journée
de maçon, 12 s. ; au fondeur, 21 l. 5 sols.

Une animosité s'élève entre Jacques
Daché, chevalier, seigneur de Serquigny,
et Philippe Derneville, escuier, seigneur
de Maubuisson, parce que ce dernier n'a-
vait pu entrer à la nomination des cloches de 1671.

Beaumontel.

605 habitants.

1629, — Fonte de 2 cloches : la grosse et la moyenne. Baillé aux fondeurs, 22 l.

En 1744, Romain Cluche est le sonneur.

1747. — Fonte d'une cloche qui existe encore et dont voici l'inscription :

† L'AN 1747 JAY ÉTÉ BÉNITE PAR Mre GABRIEL DUPLESSIS CURÉ DE BEAUMONTEL GRADUÉ QUALIFIÉ, NOMMÉE MARIE THÉRÈSE PAR CHARLES GODEFROY DE LA TOUR D'AUVERGNE PAR LA GRACE DE DIEU SOUVERAIN DUC DE BOUILLON PAIR ET GRAND CHAMBELLAN DE FRANCE COMTE D'ÉVREUX, ET PAR NOBLE DAME MARIE THÉRÈSE DE VIMONT DAME DE BEAUMONTEL. JEAN BTE CATEL ET ADRIAN PHILIPPE TRÉSORIERS.

Ornements de cette cloche : Un calvaire avec Ste Madeleine. La Vierge-mère. Un évêque. La marque du fondeur : une cloche dans un cartouche.

ACLOU

375 habitants.

Vers 1660. Fonte d'une cloche. — Dans les comptes de 1660-1662, le trésorier indique qu'il paya, pour avoir fait fondre la cloche, la somme de 30 livres 3 sols, et que le surplus, montant à 27 livres 1 sol, fut payé par le curé, sauf à celui-ci à s'en faire tenir compte au trésor.

Le 2 février 1700, devant le curé et les paroissiens, assemblés en état de com-

mun, s'est présenté Jean Aubert, maître
fondeur demeurant à Lisieux, appelé par
le trésorier pour fondre les cloches, en
partie cassées, aux fins de les refondre
« pour l'honneur de l'Eglise et la commodité des paroissiens ; lequel fondeur s'est
submis et obligé refondre lesd/ cloches
sur le ton *la sol* bien sonantes et bien da-
cord » ; il sera tenu de mettre par augmentation 100 livres de bon métail pour
lequel il sera payé audit fondeur, par le
trésorier, la somme de 90 livres et pour
son travail la somme de 45 livres. Le trésor fournira les hommes de journées, bois
et toutes les choses qui se trouveront nécessaires, parce que le surplus qui restera
du métal, après les cloches fondues, sera
pesé et repris par le fondeur sur le pied
de 18 sols la livre. Le fondeur s'engage à
travailler dans le mois de mai prochain.
Il est spécifié à nouveau que les paroissiens prétendent que lesdites 2 cloches à
refondre seront augmentées de 100 livres
ou environ. (Cette délibération porte une
quinzaine de signatures, y compris celles
du fondeur et du curé).

Les registres paroissiaux sont muets à
l'égard de la bénédiction de ces cloches,
dont l'une est refondue 4 ans plus tard.
Une délibération, du 20 juillet 1704, dit :
« Pour éviter au procès quil pourroit arri-
ver entre le sieur Aubert fondeur et les
paroissiens d'Aclou, *à cause de la diminution des cloches* dudict lieu, ont araisté

que ledict s^r Auber prendra la petitte cloche pesante deux cents quarante deux li-
vres sobligeant de leur en faire une grosse dacor avec lautre pesante cinq cents livres, au moyen et parce que lesdicts paroissiens consentent luy payer pour laug-
mentacion de laditte cloche la somme de
deux cents quarante livres, parce que au
cas que ladite cloche ocmante ou diminue
à raison de vingt sept sols la livre, et
pour solucion et paiement de laditte somme... naïant point dargent présantement
au thrésor ils se sont obligés de luy don-
ner des parties de rentes pour laditte
somme au cours de la livraison de laditte
cloche..... ⸱ — Laurent Aubert est le
fondeur en question.

Le 15 juin 1710, nouvelle assemblée
de paroissiens, relative, pensons-nous, à
la cloche de 1704 ; dans cette dernière délibération, il est question, en effet, de la
cloche que le s^r Aubert, de Lisieux, est
obligé de livrer à la fabrique de l'église,
suivant l'accord ci-devant fait..., moyennant la somme de 240 livres qui doit lui
être payée lors de la livraison de ladite
cloche pesant du poids de 500 livres.....

Les Jonquerets.

485 habitants.

1660. — Fonte de plusieurs cloches. —
Mises du trésorier : Payé pour un millier
de briques et un banneau de thuilleau
pour faire le fourneau à refondre les clo-

ches, 8 l. ; payé au Polersne (?) pour lal-
leu à refondre les cloches, 48 l. ; à Gla-
çon, autre fondeur, pour 150 livres dé
métail, 130 l. ; pour le bois, 8 l. 11 s. ;
pour le charbon et..., 23 s, : pour 1 homme ayant servi lesd/ fondeurs, 4 l. 8 s. ;
pour autres dépenses le jour qu'ils ont
fondu, 3 l. 16 s. ; pour le chanvre, 28 s.

1713. — Fonte d'une cloche.

Dépenses : pour une corde et demie de
bois, 4 l. 2 s. 6 d. ; pour des bourrées, 20
s. ; pour avoir enhuné la cloche, 4 l. 18 s.
6 d. — 1715. Payé au fondeur, 121 l. 15
sols.

1738. — Fonte d'une cloche.

Dépenses : pour du charbon, 5 l. 8 s. ;
pour une corde et demie de bois, 11 l. 6 s.
pour du chanvre, 1 l. 18 s. ; pour la convention avec le fondeur, 50 l.

Monnai.

450 habitants.

1663, 6 janvier. — La petite cloche est
bénite, et nommée *Marie* par Henri de
Malvoue, escr sr de la Hostière et noble
dame Marie du Rolet femme et épouse de
Gaspard de Malvoue, escr, sr de Monnay.

(Notes de M. Couriol, du Sap.)

St-Laurent-du-Tencement.

250 habitants.

1668. — Refonte d'une cloche. — Dé-
tails des dépenses : 1 quarteron 1|2 de ci-

re et trois livres de suif employés pour les moules de la cloche, 23 sols. — Une pipe de charbon, 30 sols. — Payé au fondeur qui a refondu la petite cloche et fourni 45 livres de métal... 55 l. 5 s. — 300 et demi de briques pour les four et fourneau à fondre la cloche, 3 l. 10 s. — Dépense d'un fondeur le jour de la fonte, 2 livres de chanvre, 1 quarteron de clou... — 2 livres de bourre, 8 sols. — Payé pour le charretier qui est allé querir le bois et le garçon que l'on a envoyé « ascavoir » s'il y avait de la brique, 9 s. — À Guill^e Gavan pour son travail d'avoir tiré de l'argille et fendre la corde de bois, 25 s.

1790, samedi 20 mai. — Bénédiction de deux cloches, par l'abbé Lesage, curé de la paroisse (depuis 1770).

La première cloche nommée *Jéanne-Antoinette-Catherine* par Mr Jean-Baptiste-Antoine de la Vallée, écuyer, seig^r de St Laurent, et Marie-Catherine de la Vallée, épouse de Mr Luc Miard de la Blardière, procureur du roy au baillage de Bernay ; — La seconde nommée *Luce-Gabrielle-Camille* par Mr Luc Miard de la Blardière..., et par dame Anne Gabrielle Camille de Veillet, épouse de Mr de la Vallée de St Laurent. — Les dites cloches fondues par Jean Conard, de la paroisse de St Vincent-du-Boulay. (1)

---

(1) Il y a environ 20 ans subsistait encore la seconde cloche susdite, mais affreusement fêlée depuis longtems. -- Nous nous rappelons le

Capelles-les-Grands.

875 habitants.

1675. — Assemblée des paroissiens à l'effet de faire fondre la seconde cloche.

1676, 27 mai. — Bénédiction de cette cloche, nommée *Marie-Elisabeth*, par Jean Baptiste Bernière, abbé du Touquet, prieur du Maupas, et très humble, très puissante dame Madeleine-Marie-Elisabeth de la Rochefoucaud, abbesse de l'abbaye royale de S‍ᵗ Sauveur d'Evreux, stipulée par damoiselle Cantide de la Plesse, fille de feu Charles de la Plesse, sieur des Fournaux. Alexandre de la Plesse, curé de la première portion de Capelles.

1696, mardi 19 juillet. — Bénédiction de la grosse cloche, pesant 400 livres, par Nicolas de la Plesse, curé de la première portion..., présence de André Gueroult, vicaire ; nommée... par Marie-Elisabeth de la Rochefoucault, abbesse de S‍ᵗ Sauveur d'Evreux, présente en personne accompagnée de trois religieuses ; étaient aussi présentes Madame Desperriers femme de M‍ʳ Desperriers, maréchal des logis des chevau-légers de la garde du roi ; M‍ᵉˡˡᵉ Marguerite Guerrier fille de

---

plaisir que nous éprouvions, étant enfant de chœur, à faire gémir ses *ding dan* discordants à cette pauvre cloche qui a été remplacée par une très hamonieuse, due à la générosité de l'honorable et sympathique famille Fouquet du Lusigneul, propriétaire de l'ancien domaine seigneurial de St-Laurent-du-Tensement.

Mr de Bois de Laval, seigneur de la Grue, gouverneur du château d'Anet ; Mad^{elle} Marie-Thérèse de Bernierre fille de Mr de Bernierre, seigneur du Breuil ; présence aussi des habitants, de Jean des Jardins et Jean Vimar, trésoriers.

Notes Ch. Després.

Saint-Aubin-le-Vertueux.

730 habitants.

1676. — Fonte d'une cloche portant l'inscription suivante :

« J'ay esté bénite par discrette personne Mr Nicolas Yebleron prêtre curé de ce lieu et nommée *Marie* par hault et puissant seigneur Mr Léon Pottier de Gesvres abbé et comte de Bernay, d'Aurillac &c., et damoiselle Marie-Magdeleine Pottier de Tresmes marquise de Blerancourt, baronne de Moncay, &c. Germain Petit et Nicolas Collet, trésoriers. 1676. » (1)

En 1692, existait une seconde cloche (c'était la plus grosse) portant cette inscription :

---

(1) « Sur cette cloche on voyait un écu écartelé de plusieurs alliances, et sur le tout ayant une main fourrée que nous croyons être les armes dudit Pottier de Gesvres, et ledit écu garni au-dessus d'une crosse et d'une mitre. »

« Sur la grosse cloche était un écusson non rempli d'aucunes armes, mais en paraissaient quelques points qui donnaient lieu de croire qu'il y en avait eu de mal gravées, lequel écu était surmonté d'une couronne de marquis. » (*Procès-verbal judiciaire de 1692*).

« Cette cloche a esté bénitte par discréte personne Mre Yebleron prêtre curé de ce lieu, assisté de Mra Jean Vivien son vicaire, et nommée *Catherine* par Mre Gaston de Grieu, chevalier, seigneur honoraire de St-Aubin-le-Vertueux, et noble dame Catherine Lepaysant épouze de Mre Pierre de Grieu, chevalier, seigneur et patron de Grandouet, Fontenelle, &c. Robert Mouchel, Nicolas Chanu, trésoriers. »

1699, 20 septembre. — Les paroissiens se sont assemblés en état de commun pour délibérer..., entre autre sur l'état du procès qui leur est fait de la part de Guille Glasson, fondeur de cloches ; auxquels habitants le trésorier en charge a communiqué une requête par lui présentée au sieur viconte de Beaumont datée du 16 de ce mois, pour être permis, *veu labandonnement dudit Glasson*, de faire fondre les cloches de la paroisse par autre que par lui... ; sur quoi lesdits paroissiens ont convenu de faire venir un fondeur de cloches autre que ledit Glasson et en ont donné commission au trésorier, lequel a demandé pour aide un autre paroissien, celui-ci a déclaré qu'il a été trésorier et qu'il refuse ladite commission. Après quoi les paroissiens ont signé leur délibération en déclarant que ledit trésorier, pour éviter difficulté, sera chargé seul de ce que dessus. (5 *signatures et 1 marque*). — Et depuis, parce que le présent n'est signé suffisamment, ledit tré sorier a déclaré qu'il n'entend vaquer ce qu'il a signé, c'est-à-dire à faire venir un fondeur ni faire à l'avenir aucunes diligences pour lesdites cloches s'il n'y est plus amplement autorisé par lesdits paroissiens.

1700, mercredi 30 juin. — A l'issue des vêpres, les paroissiens s'assemblent en état de commun pour délibérer des affaires de la fabrique. Ainsi qu'ils étaient d'avis le jour d'hier après la messe, ils donnent pouvoir à 6 des principaux habitants de traiter et composer avec tel fondeur qu'ils jugeront à propos pour fondre les deux cloches de ladite église. (10 *signatures et 3 marques*).

1728. — Fonte de cloches.

Saint-Victor-de-Chrétienville.
550 habitants.

1664, le 10 de mai, la seconde cloche de cette église reçu sa bénédiction par vénérable et discréte personne messire Charles Filleul, escuier, prêtre dudit lieu, et son nom par noble demoiselle Marguerite de Sourdeval dame de la paroisse et seigneur dudit St-Victor.

1769, 30 juillet. — Les paroissiens s'assemblent pour délibérer sur la fonte de la cloche actuellement cassée ; du consentement du sr curé président à la délibéiation, les dits paroissiens ont dit qu'ils veulent faire faire une grosse cloche de la petite, et à ce moyen que la grosse actuelle sera dorénavant la petite ; pour quoi faire ils ont autorisé le s^r curé et le trésorier en charge de faire tous marchés à cet effet, tant avec les fondeurs que charpentiers et serruriers, ratifiant d'avance tout ce qu'ils feront ; et comme il convient que cette cloche soit nommée par les personnes les plus distinguées de la paroisse, les dits paroissiens ont prié M^r le curé de vouloir bien engager Mr du Haucard et madame la comtesse de Sourdeval de leur faire cet honneur-là, et de prendre leur commodité pour cet effet. (13 *signatures*).

1769, 22 octobre. — Assemblée des paroissiens pour accepter la cloche et la payer comme bonne et bien d'acrord ; les dits paroissiens ont jugé la cloche bonne, bien sonore et d'accord, et ils ont autorisé le trésorier de payer les fondeurs (1).

1788. — Fonte de deux cloches. — Inscription de celle que la Révolution a laissée dans le clocher de cette charmante église :

---

(1) Par délibération du 16 janvier 1774, il est accordé 18 livres au clerc-sonneur, qui est tenu..... de sonner la veille de chaque dimanche ou fête, ou *carillonner* les premières vêpres selon la solennité de la fête..., de sonner chaque dimanche ou fête la première messe, la grande, le catéchisme et les vêpres aux heures ordinaires, de tenir en sa poche la clef du clocher, de faire que les enfants ne puissent y monter...., de sonner la vigile du service des trépassés et le jour du service, à l'ordinaire.....

« L'an 1788, iay été bénie par Mre Gilles Fleuri curé de ce lieu, et nommée *Louis
Bernardin* par M^{stre} Louis Bernardin Le
Neuf, chevalier, comte de Sourdeval Le
Neuf, sgr et patron de St Victor de Chré-
tienville, le Saussay, le Freine, Poret,
Montenay et autres lieux, ancien enseigne
de vessaux du roy, ch^r de l'ordre royal
militaire de St Louis, et par noble dame
Marie Jeanne Le Neuf comtesse de Sourdeval dame et patronne de ce lieu. Mathurin Porte trésorier. — Iean Conard fecit »

Décorations de cette cloche : un calvaire ; un
cartouche carré renfermant le nom du fondeur ;
une croix de St-Louis.

Notre-Dame-d'Epine.

310 habitants.

« L'an 1692, le vendredy après midy
17e octobre, furent fondues les deux cloches de cette Eglise par Jean Auber, de
Lysieux, et béniies le dimanche suivant
issue de la grande messe. — La première
fut nommée *Françoise-Angélique* par da-
m^{lle} Angelique-Elisabeth Picquot, pour
l'absence de haute et puissante dame
Louyse-Angélique Lybault v^e de Mre Jean
François de Sens, en son vivant seig^r de
Morsan &c., et par haut et puissant seign^r
Mre François de Sens, chevalier, marquis
de Morsan, Espines et autres lieux, cons^r
du Roy en son grand Conseil. — Et l'au-
tre nommée *Marie-Geneviève* par haute

et puissante dame Geneviève Amiot dame de Morsan, Espine, &c., et par haut et puissant seigneur Jean-Marie-Louys de Sens, son fils, âgé de viron six mois. » (1)

Signatures sur le registre paroissial :
Criot de Sens de Morsan. — G. Amyot de Morsan. — *Le fait dud/ Jean-Marie-Louys* † *de Sens de Morsan.* — Davoult, pbre. — Julien Beuzelin, pbre. — Fourquemin.

« Bénédiction de la petite cloche.

« L'an 1692, le samedy après midy 20e jour d'octobre, fut fondüe la troisième et petite cloche de cette église d'Epine par Jean Auber de Lisieux, et payée des deniers du Rosaire (2), bénie le sixième jour de novembre, jour de Sᵗ Léonard (3), issue de la grande messe, et fut nommée *Charlotte* par damoiselle Anne le Carpentier, pour l'absence de haute et puissante dame Charlotte de Jouas veufve de haut et puissant seigneur messire Nicolas Baudry, chevalier, seigneur d'Imbleville, conseiller au Parlement de Normandie, et messire François le Carpentier, chevalier seigneur de Bois-Louvet. »

---

(1) On doit aussi aux châtelains de Morsan les 3 magnifiques autels en chêne sculpté qui ornent l'église d'Epine. Au principal autel est un tableau représentant l'*Assomption* et portant cette signature : « *G. Hubert dit Thimotée pinxit 1667.* »

(2) L'existence de cette confrérie est encore constatée par une image de N.-D. du Rosaire placée en haut du maître-autel.

(3) S. Léonard est l'un des patrons de la paroisse ; le petit autel méridional lui est dédié.

BIBLIOTHÈQUE NATIONALE — DE L'ISLE-BURNOUF

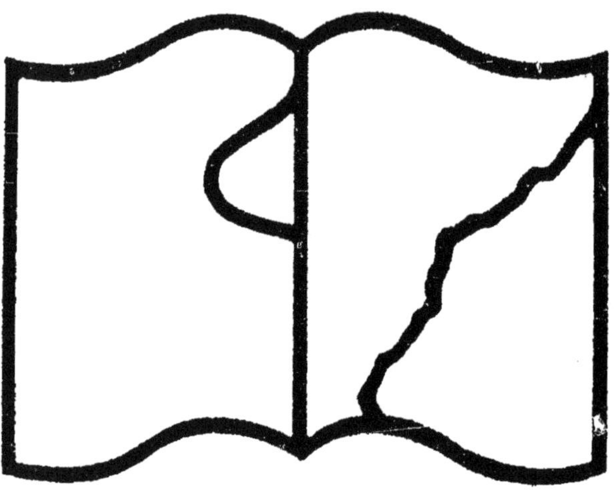

Texte détérioré
Marge(s) coupée(s)

Quatre ans plus tard, déplacement de ces trois cloches : « En l'an 1796, la tour (1) qui était placée au milieu de l'église dudit lieu, fut mise au bas de la même église. »

1775. — Fonte de deux cloches ; celle que la Révolution a laissée en place porte cette inscription :

« L'an 1775 iay été bénite par Le Cordier curé de St Victor d'Epine assisté de M. Le Leur curé de ce lieu d'Epine, nommée par Mre Abdon Thomas François de Sens marquis de Morsan, seigneur et patron de cette paroisse, Morsan, Mithois et autres lieux, chevalier de l'ordre militaire de Saint Louis, lieutenant aux gardes françaises, colonel d'infanterie, assisté de noble demoiselle de Sens comtesse de Morsan sa fille aînée. — François et Iacques Hubert trésoriers. — C. Maire et A. Dubois nous ont fondues. »

Cette seconde cloche subsiste encore ; elle est décorée d'une ceinture fleuronnée, d'uu calvaire et d'une image d'évêque.

Notre-Dame-du-Bois.

720 habitants.

1694. — Des notes informes, inscrites à la fin du registre paroissial de ladite année, font mention de la refonte de la

------

(1) Cette *tour* n'est qu'une simple pyramide n bois terminée par une jolie croix à 4 branhes en fer ouvragé.

grosse cloche, pesant 1100 livres. Pour la nouvelle cloche il fut fournit 1163 livres de « métail » sans y comprendre l'étain (1).

Le Bosc-Morel.
205 habitants.

Paroisse de St-Christophe du Bosc-Morel.

« Le 22 février 1699, a été dans cette église bénite la grosse cloche de ıadite église par M^r le prieur du Bosmoret (2) suiv' la commission de l'évêque d'Evreux, et a été nommée par Pierre Merler, écuyer, seig^r et patron de Malloui et de ce lieu de Bosmoret, représenté par Me Jean Baptiste de la Rocque, advocat à Chambrois, et par dame Marie Charlotte de Ca-

------

[1] En 1699, furent fondues 4 petites cloches pour l'abbaye de S. Evroul ; il faut peut-être reporter à cette date la refonte précitée.

Citons, eu passant, la jolie clochette du château du Cornet-du-Bois, situé sur la paroisse de Notre-Dame-du-Bois. Pesant environ 40 livres, cette clochette porte, en relief, la date : 160S (*1605*) et les ornements suivants : 4 fleurs de lys (2 de chaque côté) ; S. Michel terrassant le diable (2 coquilles accostent l'archange) ; un cartouche héraldique portant : *3 coqs, 1 et 2.* — [*Notes et croquis de M. Chéron, architecte à la Ferté-Fresnel.*)

(2) Cette localité de 200 âmes avait deux paroisses : 1° St-Christophe ; 2° Notre-Dame-du-Prieuré. Les deux églises étaient distantes l'une de l'autre d'environ 500 mètres ; celle du prieuré a été totalement détruite depuis 1810.

lone épouse de messire Jacques de Bonneville, éc,, seigneur et patron du Chamblac, qui la nommèrent *Marie Charlotte.* »

Signatures : M. C de Calonne. — Lemercier, prieur de Bosmoret. — De la Rocques. — Ravel.

« Ce jourd'huy 7e de juin, jour de la Pentecoste 1699, a été faite la bénédiction de la petite cloche de cette église…. par noble et religieuse personne dom Jacques Lemercier, prestre, prieur du prieuré de N.-D. du Bosmoret……, laquelle cloche a été bénite et nommée *Marie-Jacqueline* par Monsieur le prieur du Bosmoret et honorable dame Marie Hachard veufve de honorable homme Charles Forfait marchand bourgeois de Rouen… »

Gisay-la-Coudre.

500 habitants.

Le dimanche 10 juin 1714, assemblée des paroissiens, pour convenir tous ensemble de faire refondre la cloche cassée. Pouvoir a été donné de s'accommoder à cet effet avec le fondeur. (3 signatures et 6 marques).

« La grosse cloche de cette paroisse a été refondue le mardy 10e jour de juillet de la présente annéé 1725, sous le portail de l'église. Comme elle avoit été fort amégrie par les fontes précédentes, il sera nécessaire quand on la voudra faire refondre dadjouter au métail vingt cinq ou trente [livres] detein fin, pour la rendre plus harmonieuse… » (*Note du curé*).

Villers-en-Ouche.

620 habitants.

Le 1er juillet 1709, le tonnerre tombe sur le clocher et l'endommage beaucoup. — Le 10 décembre 1711, les tourbillons des vents coupent la plate-forme. — Ces catastrophes nécessitent la reconstruction du clocher, en 1715, et motivent la refonte des cloches, en 1716.

Harcourt.

1.200 habitants.

« Ce jourd'huy 21 décembre 1716, nous soussigné prieur curé d'Harcourt, en vertu de la permission à nous accordée par Mgr l'Evêque d'Evreux, avons fait la bénédiction de la grosse cloche de la paroisse dudit Harcourt, Laquelle a esté nommée *Marie Louise Henriette,* par son Altesse Monseigneur le Duc d'Elbeuf et son Altesse Madame la comtesse d'Harcourt, reprentez sçavoir mondit seigneur le duc par Monsieur le Chevallier de Bethune, et madite dame par damoiselle Françoise Louise Henriette de Loraine princesse d'Harcourt, en présence de Monseigneur le Comte d'Harcourt, de Mr• Charles de Sainct Jean bailly dud/ Harcourt et de Mre Claude Amelot procureur fiscal et autres soussignéz. »

« L'an 1730 et le 14 décembre a esté faite la bénédiction de la grosse cloche, avec les cérémonies accoustumées. Le parrain est Son Altesse Monseigneur de Lorraine prince de Guize, et la maraine haute et puissante Dame Marie de Castillon Princesse de Guize son Epouse. La de cérémonie faite en leur absence par Mr Homo de Bray et nous présent Prieur d'Harcour soussigné. — Lade cloche pèse deux mille cinq cent (1). »

En 1790, treize cloches existaient sur le territoire d'Harcourt, savoir : 7 à l'abbaye du Parc, 3 à l'église paroissiale, 3 à l'hôpital. — Voici le sort de ces cloches, pendant la Révolution :

Dans ses dépenses, en 1790, le prieur du Parc porte celle de 48 livres, pour les sonneurs des 3 grosses cloches, pesant près de 40.000 livres, exigeant plus de 10 hommes....., employés au jour de la Fédération et du service pour la garde nationale de Nancy.

30 sept. 1791. — Les cloches de l'abbaye sont désignées pour composer la sonnerie de la cathédrale d'Evreux.

A la fin de novembre 1791, deux cloches de l'abbaye sont transportées à Evreux, pour la cathédrale, l'une pesant 10,000 l., l'autre 7,000.

Il est question de casser une des cloches de l'abbaye, à cause de son poids.

An 2, quintidi 25 du *2e* mois. — Conformément au décret du *23* juillet dernier, la municipalité arrête que la grosse cloche de l'église paroissiale serait seule conservée et que les **3** autres seront descendues, ainsi que les *3* cloches des ci-devant religieuses ; la seule cloche pour le service de l'hôpital sera conservée.

17 juin 1792. — Après avoir examiné et réfléchi, le conseil général arrête qu'il n'est pas possible, malgré leur civisme, de pouvoir déran-

---

(1) Cette belle cloche, nommée *Marie-Christine*, existe encore ; elle est la tonique des 3 cloches que renferme l'antique tour de l'église.

ger leur sonnerie, n'ayant que 4 cloches pour
appeler les citoyens au culte divin, ayant deux
hameaux éloignés de 2 lieues du bourg, dont
le nombre des citoyens est assez considérable,
il est intéressant pour eux qu'ils puissent en-
tendre une sonnerie pour assister à l'office divin. Sur ces 4 cloches il y en une qui appar-
tient à la Charité. Les dames religieuses donneront une de leur cloches, qui est cassée.

An 2, 15 germ. — Réquisition de 2 voitures
pour transporter les 3 cloches... de l'église et
de l'hôpital.

An 2, 12 niv. — Adjudication, au rabais, de
la descente des cloches de l'église. Jean Hébert
et Thiffonnet adjudicataires pour 100 l. Les dites cloches sont descendues le 8 pluviôse.

Saint-Pierre-de-Cernières.
270 habitants.

1717. — Fonte, par Aubert, de Lisieux,
d'une cloche qui existe encore.

Fontaine-l'Abbé.
390 habitants.

Le 25 avril 1718, le doyen d'Ouche bé-
nit 3 cloches :

La 1re nommée *Anne* par Mre René Hé-
rault, conseiller du Roy, seigneur en partie de Fontaine-l'Abbé, et par noble dame
Marguerite de Rassent, épouse de Mre
Pierre Jacques de Garancière, chevalier,
seigneur de Courcelle.

La 2e nommée *Jean-Baptiste* par Mre
Jacques Durand, seigneur de Pihaillière,
et par noble dame Marie Marthe de la
Varde, épouse de Mre Charles Duval, seigneur de Beaumontel.

La 3ᵉ nommée *Marie* par Mʳᵉ Jacques Le Grand, prêtre, curé de ladite paroisse et par noble damoiselle Geneviève de la Varde.

Ladite bénédiction faite en présence des curés voisins et de Louis Beauvalet, sindic de ladite paroisse.

Courbépine.

950 habitants.

1730, 26 février. — L'archidiacre visiteur constate que la grosse cloche est cassée et il ordonne qu'elle soit refondue et remise en son premier état, aux frais des habitants ou de la fabrique

1737. — Après une délibération des habitants, par devant notaire, la grosse cloche est fondue par Jean Simonnot, auquel le trésorier paye 348 l. 8 s., pour son travail et avoir fourni 168 livres de métail à 26 sols la livre.

Le 11 août, la dite cloche est bénite par Pierre Bosquet, prêtre, vicaire de la paroisse, et nommée *Marie-Louise* par très haut et très puissant seigneur Louis marquis de Prie, seigʳ de Plasnes et Courbépine, chevalier des ordres du roi, brigadier de ses armées, lieutenant général de la province du Languedoc, gouverneur de Bourbon-Lancy et ci-devant ambassadeur extraordinaire de Sa Majesté auprès du roi de Sardaigne, et par très haute et puissante dame de Bonneville, Folleville, femme de haut et puissant seigneur François-Léonor comte de Prie, seigneur haut-justicier de Temillon et seigneur patron du Chesne, de Lessard, de Coquainvilliers, de la Londe, de Montfort et autres lieux, commandeur de l'ordre de St Lazare et capitaine de cavalerie.

1791. — Refonte de la grosse cloche, par Lavilette, de Lisieux. — Dépenses à cet effet, payées par la confrérie de Charité: Dépense de la fonte à Lisieux, 18 l. Pesage de la cloche, avant sa fonte, 6 l., après sa fonte, 3 l. A Depierre (maître d'école), pour être présent au pesage de la cloche, à Lisieux, 7 l. 10 s. Charroi de la cloche, 18 l. Le battant, y compris le vieux, 32 l. 18 s. Au fondeur, 1,035 l. — Inscription de cette cloche : « *J'appartiens à la Charité et je servirai à la paroisse. — Lavilette de St-Martin-de-la-Lieue près Lisieux m'a faite en* 1791. » — Cette cloche, qui existe encore, est décorée d'un Crucifix au pied duquel est Ste Madeleine, puis de deux figures de la Vierge-mère.

SELLES.
755 habitants.

Cette paroisse possède une cloche qui porte pour toute inscription le millésime : « 1739 ». En outre, si nos souvenirs sont fidèles, cette cloche est ornée d'armoiries et d'un calvaire fleurdelisé.

Caorches.
245 habitants.

« L'an 1744, le dimanche 19 d'avril, is-

sue et sortie de la messe paroissiale de la
paroisse de St Martin de Caorches, devant
nous Louis Gilles Froudière notaire garde
notes royal héréditaire en la ville de Bernay et dépendances, se sont assemblés
les paroissiens et habitants de lad. paroiss-
se suivant l'avertissement qui leur en a
été donné ce jourd'huy par M^r le curé au
prosne de la messe paroissiale dud. lieu
et actuellement au son de la cloche, où
estant Jacques Neveu trésorier actuellement en charge dicelle paroisse, auroit
remontré qu'il s'agissoit de délibérer sur
la refonte des deux cloches de lad. paroiss-
se qui doit estre refaite par Jean Baptiste
Brocard demeurant à Breval en Lorrain-
ne, suivant les conditions cy après dont
ils ont dit avoir connoissance, sur quoy
délibérants en état de commun sont con-
venus que led. s^r Brocard les refondra et
rendra parfaites et concordantes dans le
courant de may prochain, sous les conditions suivantes sçavoir: Qu'il sera payé
au sieur Brocard pour ses salaires la somme de cent livres par ledit trésorier. Que
lesd. cloches seront paizées en la présence de Monsieur le curé ou en son absence
de Monsieur de Beauchamp, à Bernay, au
pois de roy, après quelles seront descen-
dües, pour en connoistre positivement la
pesenteur, aux fins de rendre la grosse
du mesme poids ou à dix livres près, Que
la petite cloche sera augmentée de quarante livres de matière si tant en faut
seullement, Qu'il sera tenu compte au s^r

Brocard de cinq livres de métail par cent sur la quantité que se trouvera peser les dites cloches lorsquelles seront dessendües du clocher, pour le déchet et diminition sur la refonte, Et que ce qui sera nécessaire demployer par substitution dud. dechet, et pour laugmentation de la ditte cloche lui sera payé sur le pied de vingt huit sols la livre dans la Saint Jean prochain, ainsi que lesd. cent livres par ledit trésorier, Quil sera mis par le sieur Brocard des anneaux neufs au lieu des vieux aux frais de la fabrique et quils ne fairont point partie du poids desd. cloches, Que les cloches seront casséz devant M^r le curé ou en son absence en présence de Monsieur de Beauchamp si mieux naime ètre tous deux présents, et mise de grand jour dans le fourneau afin quils les voyent couler, Que les mesmes cloches seront polies et parfaites avant que destre répesées en la présence desd. sieurs de Beauchamp ou curé, Que la fabrique fournira sur le cimetière où lesdites cloches seront fondües largille nécessaire, le bois et la brique seront fournis par led. sieur Brocard et apportés seullement par la fabrique, Et ledit sieur Brocard se charge de faire remonter lesd. cloches, parce que les frais des charpentiers et des ustancilles nécessaires tomberont aussy à la charge de la fabrique, Et soblige finallement led. sieur Brocard dinscrire les noms et qualités des personnes qui donneront le nom aux mesmes cloches ainsy que leurs

armes, Ce que lesd. sieurs de Beauchamp,
curé, Brocard et notaire ont signé et les
paroissiens sousssignés. » (17 *signatures*)

1761, le jeudi 3 avril, jour de l'Ascen-
sion, devant Sement, notaire à Bernay,
les paroissiens et habitants de la paroisse de St Martin de Caorches s'assemblent
en état de commun, pour délibérer sur la
nécessité à eux représentée par le trésorier de refondre les cloches de lad. église
qui sont toutes deux cassées, et qu'il se
présente pour cette opération le sʳ Jean-
Baptiste Petitpas, demeurant en la paroisse de Brevanne en Lorraine ; « En quoy
faisant, Mʳᵉ Jean André de Foucques, chevalier, seigneur de Beauchamp, seigneur
et patron de lad. paroisse, lesd. sieurs
curé, paroissiens et habitants sont d'avis
et autorisent led. trésorier de faire refondre au plus tôt lesd. cloches aux frais de
la fabrique par led. sieur Petitpas, sous
les conditions cy après, sçavoir : Qu'il sera payé... audit sieur Petitpas la somme de cent trente livres pour son salai-
re, parce qu'il rendra les deux cloches
prestes et bien concordantes dans le quin-
ze de juin prochain... » (Les autres clauses sont les mêmes que celles de 1744).

La Révolution laisse la petite de ces 2
cloches, laquelle portait cette inscription :

EN L'ANNÉE 1761 IAY ÉTÉ BÉNITE PAR
MAITRE ANDRÉ LOUIS DUVAL PRÊTRE CURÉ
DE CE LIEU DE CAORCHES ET NOMMÉE FRAN-

ÇOISE ANGÉLIQUE PAR MESSIRE JEAN ANDRÉ
DE FOUCQUES ÉCUYER SEIGNEUR DE BEAU-
CHAMP SEIGNEUR ET PATRON DE CETTE PA-
ROISSE DE St MARTIN DE CAORCHES HAUT
JUSTICIER DUDIT LIEU ET PAR NOBLE DAME
FRANÇOISE ANGÉLIQUE DESHAYS ÉPOUSE DE
MESSIRE FRANÇOIS DE MARGEOT ÉCUYER SR
DE St OUEN. MAITRE ANDRÉ COUDRELLE TRÉ-
SORIER EN CHARGE.

Décoration de cette cloche : les armoiries de
la famille de Foucques ; Le Christ en croix et
Ste Madeleine ; la Vierge-mère : S. Martin, évêque. — Cette cloche a été refondue en 1866.

Saint-Martin-de-Cernières.

310 habitants.

1749. — Fonte, par Joseph Simonot,
d'une cloche qui est actuellement à Saint-
Pierre-de-Cernières.

Rostes.

250 habitants.

Le 31 mai 1751, les habitants s'assemblent en état de commun..., pour faire
fondre la grosse cloche qui est cassée.
Est présent à cette délibération Mr Jean-
Baptiste Dubois, de la paroisse de Villier-
cour en Lorraine, proche Chaumont en
Bavigny, diocèse de Toul (1), avec lequel
convention est faite pour refondre ladite
cloche, moyennant 90 l., payables moitié

___

(1) Dubois, Cavillier, Simonot et Brocard,
fondeurs, étaient alors à Bernay, pour la fonte
collective des cloches de Ste-Croix.

à la réception de la cloche et l'autre moitié à Pâques prochain. Ledit fondeur s'oblige à rendre la cloche parfaite, « bien sonante et acordante ». Lesdits habitants s'obligent en outre payer 5 livres de métail de diminution par 100 à raison de 30 sols par livre et porter et reporter ladite cloche à leurs frais. (16 signatures y comprises celles du curé, du sindic et du fondeur). — Le 25 juillet suivant, autre assemblée pour autoriser le trésorier à payer le fondeur. La cloche est augmentée de 40 livres de métail. Cavillier, fondeur, signe cette délibération.

« L'an 1773, le mercredi 12 jour d'octobre, les deux cloches de cette paroisse ont été fondues devant la place du cimetière par le sr François Lavilette, fondeur demeurant à Lisieux, et elles ont été bénites le mardi 26e jour du même mois par Mre Pierre Hubert, curé de Fontaine-l'Abbé et nommées par Mr et Mme Daugny, seigneur et patron de cette paroisse, ainsi que de tout le marquisat de Thibouville, représentés pour la grosse, *Marie-Alexandrine-Charlotte*, par Mr Gattier, receveur de Mr d'Augny, et pour la seconde, *Marc-Amédée-Antoine*, par Mr Phlougres et Mme Gattier. La grosse pèse 749 livres et la petite 547 livres, de ce, moitié par Mr le curé de cette paroisse. En conséquence de cette nomination, Mr et Mme d'Augny ont donné à l'Église l'étoffe couleur de rose et à fleurs gros tour broché, dont on a fait une chasuble, un devant d'autel et une chappe. »

Cette note, transcrite par le curé sur le registre paroissial, est complétée par l'inscription de la première de ces cloches, qui subsiste encore : « † *L'an 1773 j'ai été bénite par M° Pierre Hubert curé de Fontaine-l'Abbé t nommée Marie Alexandrine Charlotte par Messire Alexandre Marc René Estienne chevalier seigneur d'Augni seigneur et patron des paroisses de Thibouville Rostes et autres lieux Et par dame Marie Michel son épouse. M° Charles Antoine Davoult étant curé de cette paroisse et Louis Nicolas Desmolands trésorier.* »

GIVERVILLE.

760 habitants.

1753. Il est question de refondre la petite cloche. Le curé est en désaccord avec les paroissiens et ne veut point se mêler de cette refonte. En conséquence, le mardi 24 avril 1753, sur la réquisition du trésorier de la fabrique, les paroissens et habitants s'assemblent en état de commun, devant un notaire de Bernay, aux fins de délibérer touchant la fonte de la petite cloche et aviser aux moyens de fournir à la dépense nécessaire... Le trésorier représente qu'il est très utile et nécessaire de décider de la fonte de la dite cloche pour éviter les plaintes que quelques personnes font des défauts de cette cloche, ne sachant et ne pouvant connaître lorsqu'on commence l'office ; le dit trésorier croit qu'il y a des fonds suffisants au trésor... Après délibération, le trésorier est

autorisé de faire tels marchés qu'il con-
viendra avec des fondeurs pour la fonte
de la dite cloche, par l'avis et en la présence de Monsieur de Giverville et du s^r
Rémy Courant.

Avant la Révolution, il y avait 2 cloches ; voici l'inscription de celle restée en
place et qui a été, croyons-nous, refondue
en 1864 :

« L'an 1787 j'ai été fondue pour servir
à la Charité et bénie par Mre Jacques Boivin curé de ce lieu et nommée Séraphine
Armande par Mr Jean Louis Armand de
Giverville seig^r et patron honoraire de la
dite p^{se}, Bosq, Eprande et autres lieux, et
par noble demoiselle Charlotte Seraphine
de Giverville sa petite-fille.. Pierre Matar-
ré échevin de la Charité, Thomas Yvon-
net prévôt, Pierre Cousinard, Guillaume
Hurel, Leaunord Mason, Louis Aubay tous
frères servant à la dite Charité. — Jean
Conard fecit.

Ornements de cette cloche : un calvaire fleurdelysé et une croix de St-Louis.

VERNEUSSES.

560 habitants.

2 cloches résonnaient autrefois dans le
clocher de cette très antique paroisse,
qui fut un des berceaux de nos aïeux.

L'unique cloche actuelle, que la Révolution a épargnée et qui salua notre nais-
sance, porte cette inscription :

† L'AN 1755 IAY ÉTÉ BÉNITE PAR MEÏS-
TRE JEAN DESJARDINS CVRÉ DE CETTE PA-
ROISSE ET NOMMÉE PAR MESSIRE CLAVDE
FRANÇOIS DOESSY PATRON DOLLANDE ECV-
YER SEIGNEVR DE MONTSORT ET PAR NOBLE
DAME LOVISE LEMICHEL FILLE DE MESSIRE
ADRIEN LEMICHEL ÉCUYER SEIGNEVR DE S^t-
AQVILIN DAUGERONS ET AVTRES LIEVS —
ALEXANDRE MESNIL TRÉSORIER EN CHARGE
— IOSEPH MAHUET MA FAIT AN 1755

Cette cloche, esant 800 livres environ,
est ornée d'une ceinture fleuronnée, d'une
grande croix du même genre, d'un calvaire avec la Madeleine, des images des patrons de la paroisse : Notre-Dame, S.
Jean-Baptiste, Ste Barbe, S. Mathurin, S.
Sébastien.

Livet-sur-Authou.
310 habitants.

« Du 4e juillet l'an 1760, la grosse et
principale cloche de cette église a esté bénie par moy curé de ce lieu soussigné et
nommée *Marie-Anne* par le sieur Jacques
Marabout et Marie Madeleine Maridor
substituez et représentants messire Alexandre Scipion Le Cousturier, chevalier,
seigneur et patron honoraire de cette paroisse, absent, et noble dame Marie Anne Le Cousturier épouse de messire César
de Margeot, écuyer, seigneur de Saint-
Ouen et autres lieux, décédée depuis la
fonte de laditte cloche (1), ce que lesdits

____

(1) Cette cloche existait encore en 1859; son

substituez ont signé. »
          « Pierre DUVAL, curé. »

St-Agnan-de-Cernières.

475 habitants.

1761. — Fonte de 3 cloches dont l'une, qui subsiste encore, porte cette légende :

L'AN 1761 IAY ÉTÉ BÉNITE PAR MAISTRE FÉLIX LE FEBVRE CURÉ DE CETTE PAROISSE ET NOMMÉE AVGVSTINE FRANÇOISE PAR MESSIRE AVGVSTIN FÉLIX LE HVRE CHEVALIER SEIGNEVR DES CERNIÈRES ET AVTRES LIEVX ET NOBLE DAME FRANÇOISE CAILLET DE VIVIERS VEUVE DE MESSIRE JEAN BAPTISTE LE HVRE DE BOSCDROUET CHEVALIER SEIGNEVR DES CERNIÈRES ET AVTRES LIEVX. - IOSEPH MAHVET NOVS A FAITE EN 1761.

(Note de M. Emile Frémont, de la Roussière).

St-Martin-du-Parc.

70 habitants.

« Le septiesme jour de juillet 1761 la grosse cloche de cette paroisse a été bénie solennellement par le Révérend Dom Révérend Pierre François Boudier, grand-

---

inscription, conforme à la note du registre paroissial, indiquait que Michel Faguet était trérorier de la fabrique, et que J.-B. Brocard et N. Salva furent les fondeurs de ladite cloche.

Marie-Anne Le Cousturier de Livet, épouse de messire François-Charles de Margeot, écuyer, seigneur et patron de Saint-Ouen-le-Hoult, Saint-Georges-du-Mesnil et autres lieux.

prieur de l'abbaye royalle de Notre Dame du Bec-Hellouin et a été nommée *Marie Pierre François* par dame Marie Rene Fresmonts veuve du sieur Jean Fresmonts, capitaine de cavalerie, chevalier de l'ordre de Saint Louis, assistée du susdit Révérend Père Dom prieur, présence de dom Pelerin dépositaire de lad/ abbaye faisant office de diacre, de dom Rivière procureur de la dite abbaye, de messieurs les curés de Brionne, du Bosrobert, du Bec et de St Martin du Parc. »

En marge du registre paroissial est écrit : « Elle pèse deux cent quatre vingt sept livres (287 ¹). »

St-Ouen-de-Mancelles.

Cette paroisse possède encore une ancienne cloche, pesant 682 livres, dont voici l'inscription :

L'AN 1772 BÉNIE PAR LE SIEUR CURÉ DU LIEU ET NOMMÉE MARIE PAR Mre ACHILLE D'ABOS CHEVALIER SEIGNEUR DU GRAND PETIT DIMANCHEVILLE LA BRAQUERIE LA BARRE GISAY VILLERS LES TREZ LA GATINE St-OUEN DE MRNCELLE ET AUTRES LIEUX BARON DES BOTTEEEAUX ET NOBLE DAME MARIE JANNES LEVAVASSEUR DAME DE BARMANVILLE HEROUVILLE ET AUTRES LIEUX. — FRANÇOIS NOBLET TRÉSORIER. — NICOLAS SIMONOT FONDEUR.

(Note de M. E. Frémont.)

ANCEINS.

450 habitants.

1770. — Le sieur Michel, fondeur de cloches, intente un procès à la communauté de cette paroisse à l'effet d'obtenir le prix de la refonte et augmentation du métal d'une des cloches. — L'affaire, portée au bailliage de Breteuil, puis en Cour de Parlement, se termine par la condamnation des habitants d'Anceins.

Arch. de l'Orne. C. 1057. Note due à M. Gravelle-Desulis, alors archiviste.

ÉPINAY.

Avant 1773, a lieu une fonte de cloche. Dans les comptes du trésor, pour la dite année, il est question d'une somme redue aux héritiers de feu le sieur Simonot pour la fonte des cloches.

1784. Nouvelle fonte de cloches, dont une, épargnée par la Révolution. porte cette inscription :

L'AN 1784 J'AI ÉTÉ BÉNITE PAR MAITRE MICHEL ROGERE CURÉ D'EPINÉ. NOMMEE MARIE MADELAINE PAR ALEXANDRE FRANÇOIS THIEULIN MARCHAND ET PAR MARIE LAMBERT FEMME DE PIERRE LEBEL LAROUREUR DE CETTE PAROISSE. JULLIOT FONDEUR.

Ornements : Ste Madeleine au Calvaire ; la Vierge-mère.

St-Mards-de-Fresnes.

730 habitants.

Inscription de l'unique cloche ancienne :

L'AN 1773 J'AY ÉTÉ NOMMÉE LOUISE PAR Mre JEAN BAPTISTE MICHEL DES PERIERS SEIGNEUR DE St MARDS DE FRESNES ET PAR NOBLE DAME LOUISE GENEVIÈVE AUBERT ÉPOUSE DE MESSIRE JEAN BAPTISTE ANTOINE DES PERIERS CH^{er} SEIG^r HAUT JUSTICIER DE St MARDS DE FRESNES SEIG^r ET PATRON DE BENEREY & CH^{er} DE L'ORDRE ROYAL ET MILITAIRE DE SAINT LOUIS CAPITAINE DE CAVALERIE ET LIEUTENANT GÉNÉRAL DU BAILLAGE D'ORBEC. J'AY ÉTÉ BÉNITE PAR Me PIERRE FIRMIN DE BEAUVAIS CURÉ DE CE LIEU. — MICHEL PESSA TRÉSORIER. — JEAN CHARLES CAVILLIER.

Ornements de cette cloche : 1 calvaire fleurdelysé ; deux armoiries doubles et timbrées d'une couronne de marquis ; des fleurons entourant la marque et le nom du fondeur, *Jean-Charles Cavillier*.

Les Essarts-en-Ouche.

90 habitants.

Cloche pesant environ 180 livres, avec cette inscription :

L'AN 1779 IAY ÉTÉ BÉNITE PAR Mr E^{ne} DUCHENES CURÉ DE CE LIEUX MRE F. LE CHAPLET ECUIER S[IE]UR DE BERCOURT ANCIEN B^{er} DES GARDES DU CORPS DU ROY CH^{er} DE L'ORDRE ROYAL M^{re} DE St LOUIS. — NOBLE DAME AUGUSTINE CNE DERIVIÈRE ÉPOUSE DE Mre IEAN DAUREVILLE ECUIER SIE[U]R DE CORVAL.

Pas d'ornements ni de nom de fondeur.

MORSAN.
475 habitants.

Inscription de l'unique cloche ancienne :

L'AN 1776 J'AI ÉTÉ BÉNITE PAR ROBERT DÉFRÈCHES CURÉ DE MORSAN ET NOMMÉE ÉLÉONORE PAR MESSIRE ROBERT FRANÇOIS RENÉ LE SENS, CHEVALIER DE FOLLEVILLE, SEIGNEUR HONORAIRE DE S. GEORGES DU VIEUVRE DES FIEFS DE LAUNAY, CONSEILLER DU ROY EN SES CONSEILS, ANCIEN PROCUR GÉNÉRAL, CONSEILLER D'HONNEUR AU PARLEMENT DE ROUEN, ET PAR NOBLE DAME ÉLÉONORE AMIOT MARQUISE DE MORSAN. — FRANÇOIS LEGENVRE TRÉSORIER EN CHARGE.

Ornements : Un Christ fleurdelysé ; la marque et le nom du fondeur : *Jean-Charles Cavillier.*

CARSIX.
680 habitants.

1777, dimanche 16 novembre. Les paroissiens étant assemblés en état de commun..... Il est représenté qu'il y a actuellement une des cloches cassée et que le beffroy du clocher est en mauvais état et qu'il est urgent de le réparer... — Le trésorier est autorisé de faire refondre ladite cloche et de faire réparer ledit beffroy...

MALOUY.
235 habitants.

Avant la Révolution, le clocher abritait 2 cloches ; celle épargnée porte cette inscription :

EN 1782 J'AI ÉTÉ BÉNIE PAR Mr FRANÇOIS HOUSSAYE CURÉ DE CE LIEU ET MOMMÉE MARIE LOUISE PAR Mr G^{me} F. DE BONNECHOSE ANCIEN CHEVEAU LÉGER DE LA GARDE ORDINAIRE DU ROY, CHEV^r SEIG^r DE LA BOULAYE SEIGN^r ET PATRON ALTERNAT^f DE St PIERRE DE MALOUYS ET PAR NOBLE DAME M. L. E. V. D. DE HUDEBERT DAME DES LIGNERITZ ET DE GOUTIEER ÉPOUSE DE Mre F. A. H. DE BONNECHOSE CHEV^r SEIG^r CHATELAIN DE LA BOULAYE, LA VALLÉE, DES LOGES. ANCIEN OFFICIER AU RÉG^t DE POITOU. M^{rs} LES DEPUTÉS LOUIS ET QUEREY, JOSEPH QUEREY TRÉSORIER EN CHARGE.

Ornements de cette cloche : Un cartouche fleuronné renfermant la marque et le nom du fondeur : *Jean-Charles Cavilier* ; un calvaire fleurdelysé ; les armoiries accolées du parrain et de la marraine.

CHRÉTIENVILLE.
100 habitants.

1787, le 5 août. Bénédiction d'une cloche par messire Jean-Baptiste de Moulis, curé de St Sulpice de Crétienville, nommée « Louise Henriette » par très haut et très puissant seigneur Anne Louis Roger de Becdelièvre, marquis de Quevilly, baron haut-justicier de Cani et de Cauville, seigneur du fief du Bois de Crétienville et du fief Margo, brigadier des armées du Roy, et par haute et puissante dame Madame Henriette Julie de Grieu, épouse de haut et puissant seigneur Jean-Baptiste, marquis d'Erneville, chevalier, seigneur de Crétienville et autres lieux.

BAZOQUES.
540 habitants.

Inscription de la cloche ancienne :

« L'an 1789, messire Louis François marquis de Livet, chevalier, seigneur et patron de Bazoques, Caudecotte, la Poterie-Mathieu et autres lieux, lieutenant de nos seigneurs les maréchaux de France au baillage d'Orbec, et noble dame Anne Charlotte Gabrielle de Giverville, épouze de messire Louis comme cy-dessus. J'ay été bénite par Me Philippe Lamidey, curé de ce lieu, et nommée Marie Henry par Me Henri Boudard, sieur du Plessis de Lisieux, et dame Marie Marguerite Adelaïde Boudard, épouze de Mr François Léon Boivin Marchan, négociant à Bernay. — Robert Lefrançois, trésorier. — Lavilette de Lisieux m'a faite. »

Ornements : Un Christ en croix et Ste Madeleine ; la Vierge-mère sur un croissant.

BOISNEY.
705 habitants.

La belle tour romane de cette paroisse contenait jadis deux cloches ; celle qui a subsisté à la Révolution fut fondue peu avant qu'il soit question de la réduction de ces instruments ; l'inscription de cette cloche étant mal venue à la fonte n'offre de lisible que ce qui suit :

« L'an 1790, j'ai été bénite par..... et nommée Marie Françoise....... — Lavilette m'a faite. »

Mêmes ornements qu'à celle de Bazoques.

La Goulafrière.

525 habitants.

1792, 18 avril. Les officiers municipaux s'assemblent à l'occasion de la fonte de la petite cloche de l'église, suivant l'autorisation du général de la paroisse. — Jean Conard, fondeur, de St-Vincent-du-Boulay, est chargé du travail, aux clauses et conditions suivantes : Il fondra deux cloches pour lesquelles il lui sera payé la somme de 140 livres, plus 32 sols par livre de « métail » pour augmentation.

Nous n'avons trouvé aucune mention de l'enlèvement, qui dut avoir lieu peu après cette fonte ; on rapporte que ces 2 cloches furent cachées et enfouies secrétement sur les bruyères du « Hamée. »

Cette version, racontée dans beaucoup d'autres localités, est-elle exacte ? Quoiqu'il en soit, il est certain que nos populations rurales mirent tout en œuvre pour soustraire à la Révolution leurs cloches auxquelles les attachaient des liens intimes que le scepticisme actuel n'a point entièrement brisés du cœur des petits-fils de ces grands admirateurs de cloches.

Voici encore quelques exemples de la résistance de nos aïeux à se désaisir de leurs cloches, en 1792, pour qu'elles soient converties en monnaie de billon.

PLAINVILLE. — 1792, 24 juin. A propos de la loi du 22 avril, concernant la

réduction des cloches, la municipalité,
« après avoir pris connaissance de la loi
et l'utilité et nécessité qu'ils ont de leurs
cloches comme étant au nombre que de 2,
ont délibéré d'une voix unanime qu'ils
entendent et persistent à les garder..... »

St-CLAIR-D'ARCEY. — 1792, 25 septembre. La municipalité déclare que l'é-
glise possède 2 cloches et qu'il est impossible de les séparer, vu l'éloignement des
hameaux. — An II, 28 pluviôse. Descente de la petite cloche ; dépense : 20 liv.

St-LÉGER-DU-BOSDEL. — 1792, le 10
juin. La municipalité déclare que les deux
cloches de leur église sont fort petites et
suffisent à peine pour le service de la paroisse... ; il est arrêté que ces 2 cloches
seront conservées. — An II, 7 ventôse.
Descente de la cloche « moyenne. »

LES JONQUERETS. — 1792, 29 juin.
Les officiers municipaux déclarent qu'ils
ont 2 cloches très médiocres et qu'il leur
est impossible d'en pouvoir ôter.

LE BEC-HELLOUIN. — 1792, 24 juin.
Il est exposé au conseil général assemblé
que dans le besoin urgent où se trouve
la nation il est du devoir de chaque cito-
yen de se signaler par son patriotisme
par la demande qui a été faite dans des
paroisses de l'abandon de quelques cloches, pour faire faire du numéraire. Le
conseil général et la plupart des habitants
sont d'avis de conserver leurs cloches ;

observant d'ailleurs que la paroisse était celle qui avait fourni le plus de fonds et qui est encore dans le cas d'en fournir; « Nous ne croyons pas, ajoute le maire, « manquer à notre patriotisme, étant « prêts à tout sacrifice pour les intérêts « de la nation... »

BERNAY. — Dans la notice spéciale que nous publierons prochainement sur les anciennes cloches de cette ville, on verra que leur réduction et leur descente furent l'objet, en 1792, d'une véritable émeute populaire qui menaça de devenir sanglante.

1791, 4 novembre. Le directoire du district de Bernay fait marché avec André Viret, maître charpentier à St-Aubin-le-Guichard, pour la descente des cloches des maisons religieuses supprimées, savoir :

4 grosses cloches de l'abbaye du Bec, dans le beffroi particulier ;

4 à l'abbaye de Bernay ;

1 aux Pénitents de Bernay ;

3 à l'abbaye de Beaumont ;

1 à la Chapelle-St-Eloi, à Fontaine-la-Soret ;

4 à l'église de l'abbaye du Parc et la moins grosse des 3 qui sont dans un beffroi particulier, dans l'enclos de la dite abbaye.

Il est accordé à Viret 400 l., les cordes et ferrures, excepté les battants ; il commencera la semaine prochaine.

— 29 novembre. Il est accordé à Jacques Bertrand, laboureur à Fontaine-l'Abbé et Pierre Beaudouin, laboureur à St-Clair-d'Arcey, 12 l, par mille pesant, pour transporter à la Monnaie de Rouen, les cloches suivantes :

4 de l'abbaye du Bec ;

5 du prieuré du Parc ;

4 de Beaumont et de Vieilles ;

7 des Bénédictins, Cordeliers et Pénitents de Bernay ;

1 de la chapelle St-Eloi.

On est obligé de casser les cloches trop lourdes.

MENNEVAL. — Le 16 juillet 1601, il est payé par la Charité à « maistre Romain Buret du mestier de fondeur de cloches », 29 escus sol pour un calice d'argent doré et 32 escus sol pour fondre deux cloches en ladite paroisse.

DU MÊME AUTEUR :

Histoire de la Ville de Bernay et du Canton (*avec la collaboration de A. Bazin*); 1873, 1re partie, 72 pages. (Le manuscrit a plus de 1.000 p.)

Le Fort Français de Chambly (Canada); 1874.

Notice sur le Fort St-Louis de Chambly; id.

Estampages de 4 Pierres tombales, gravées au trait, des 14e, 15e et 16e siècles; 1875.

Calque de 2 Vitraux du 15e siècle (Couture).

Saint Vincent de Paül à Bernay, en 1650.

Histoire d'un petit coin du Pays d'Ouche : Le Pont-Echenfrei, etc.; 1877, 130 p.

Les Confréries des Captifs à Bernay, etc.

Les Vitraux de Saint-Martin de Laigle; id.

Le Musée municipal de Bernay; 1878, 18 p.

Quelques mots sur les Vitraux anciens de l'église paroissiale d'Orbec; id., 16 p.

Fin de l'Abbaye royale du Bec-Hellouin.

Documents inédits sur les Armoiries de la Ville de Bernay; 1881, 16 p.

Les 8 Canons du château de Broglie; id., 30 p.

Description sommaire de l'Eglise de Rostes.

L'Imprimerie à Bernay, depuis son établissement jusqu'en 1883; id., 40 p.

Le Cléricalisme n'est pas l'ennemi de la Liberté, du Progrès et de la Civilisation; 1884.

Petit Bouquet de Fleurs historiques sur la Maison de Broglie; id., 30 p.

La Ruine de l'Abbaye de Saint-Evroult; id. (*Annuaire de l'Association normande*; 10 p.)

Le Théâtre à Bernay, au XVIIIe siècle; 1885.

La France en 1789. — Les Cahiers du Tiers-Etat de la Ville de Bernay; 1885, 43 p.

Les Petites Ecoles et la Révolution [1789-1799] dans les districts de Bernay et de Louviers; id., 126 p. — (*Extrait d'un Mémoire présenté au Congrès de la Sorbonne*).

Saint Taurin et sa Coudre à Saint-Aubin-de-Gisai; id., 37 pages.

L'Eglise de Sainte-Croix de Bernay; id., 36 p.

L'ancien Collège de Bernay; 1886. 50 pages.

Un Episode de la Chouannerie à Bernay, en l'an VII; id., 11 p.

Notes historiques sur l'Instruction publique,
avant la Révolution, dans la Ville de Bernay et
les Environs ; id., 30 p.

Notes historiques sur l'Instruction publique,
avant la Révolution, dans la Ville de Louviers
et les Environs ; id., (publiées dans l'*Industriel
de Louviers*).

La Confrérie de Charité et de la Rédemption
des Captifs de St-Aubin-le-Guichard ; id., 37 p.
(*Extrait d'un Mémoire lu au Congrès de la Sorbonne*)

Les Guerres de la Révolution et les Berna-
yens ; id., 73 pages.

Quelques Notes inédites sur Languet de Ger-
gy. 39e abbé de Bernay ; id., 5 p.

Les Saints Patrons de la Ville de Bernay ; id.

Le Journal d'un Paysan (1799-1823) ; id.

Les Hôtelleries et Cabarets de Bernay.

Description des Armoiries de la Ville de Bernay, en 1730 ; id., 4 pages.

Les Trois Couleurs Nationales dans la Ville
de Bernay pendant la Révolution ; 1887, 24 p.

Les Falots des Rois, Feux de joie et le Car-
naval dans la Ville de Bernay, au XVIIIe siècle.

La Marine militaire Française sous le Con-
sulat et l'Empire. — Aventures d'un jeune Ma-
rin-Dessinateur... (1801-1813) ; id., 81 p.

L'Eglise et l'Etat, au XVIIIe siècle : id., 30 p.

Récits villageois en Patois normand ; id., 32 p.

La Police du Commerce et de l'Industrie.

Chansons villageoises recueillies au 18e siècle.

La Police des Rues, à Bernay, au XVIIIe siècle.

Statuts des Toiliers de Bernay. (*Congrès de 1888*).

La Muse au Village, au XVIIIe siècle ; id.

Petits Documents pour une grande Histoire de
France (1701-1750) ; 30 pages.

La St-André des Menuisiers de Bernay, en 1757.

Tapisseries et Jubé de Sainte-Croix de Bernay.

Fontes de Cloches de villages, aux 17e et 18es.

Nouveaux documents sur l'Instruction publique
avant la Révolution ; id.

La Chapelle de l'ancien Cimetière de Ste-Croix.

Les Fêtes patronales des Drapiers de Bernay.

Prise de possession de l'Abbaye de Bernay, 1649.

Réédiffcction de l'Abbaye de Bernay, en 1686.

www.ingramcontent.com/pod-product-compliance
Ingram Content Group UK Ltd.
Pitfield, Milton Keynes, MK11 3LW, UK
UKHW021713130726
13696UKWH00004B/1793